Judith Le Huray · Fides Friedeberg

Verflixter Zu-spät-Tag

Judith Le Huray

Verflixter Zu-spät-Tag

Mit Bildern von Fides Friedeberg

Hase und Igel®

Für Lehrkräfte gibt es zu diesem Buch
ein ausführliches Begleitmaterial beim Hase und Igel Verlag.

Druckprodukt mit finanziellem
Klimabeitrag
ClimatePartner.com/13493-2502-1019

MIX
Papier | Fördert gute Waldnutzung
FSC® C043106
FSC
www.fsc.org

Dieses Buch erschien erstmals 2013 im Hase und Igel Verlag.
Für die vorliegende Ausgabe wurde es überarbeitet und ergänzt.

Sonderausgabe mit Silbenhilfe

80797 München, service@hase-und-igel.de
www.hase-und-igel.de
Lektorat: Patrik Eis
Druck: Grafisches Centrum Cuno GmbH & Co. KG, Gewerbering West 27,
39240 Calbe (Saale), info@cunodruck.de

ISBN 978-3-86316-235-1
4. Auflage 2025

„Lina, aufstehen!“, ruft Mama.
„Hatschi! Ich habe verschlafen.
Ich bin krank und muss ins Bett.“

Mama niest und niest.
Sie putzt sich die Nase.
Dann muss sie auch noch husten.

„Ich krieg das allein hin“, sagt Lina.
„Du kannst dich wieder hinlegen.“
Darüber ist Mama sehr froh.

Oje! Schon halb acht!
Lina springt aus dem Bett.
Um acht Uhr hat sie Schule!

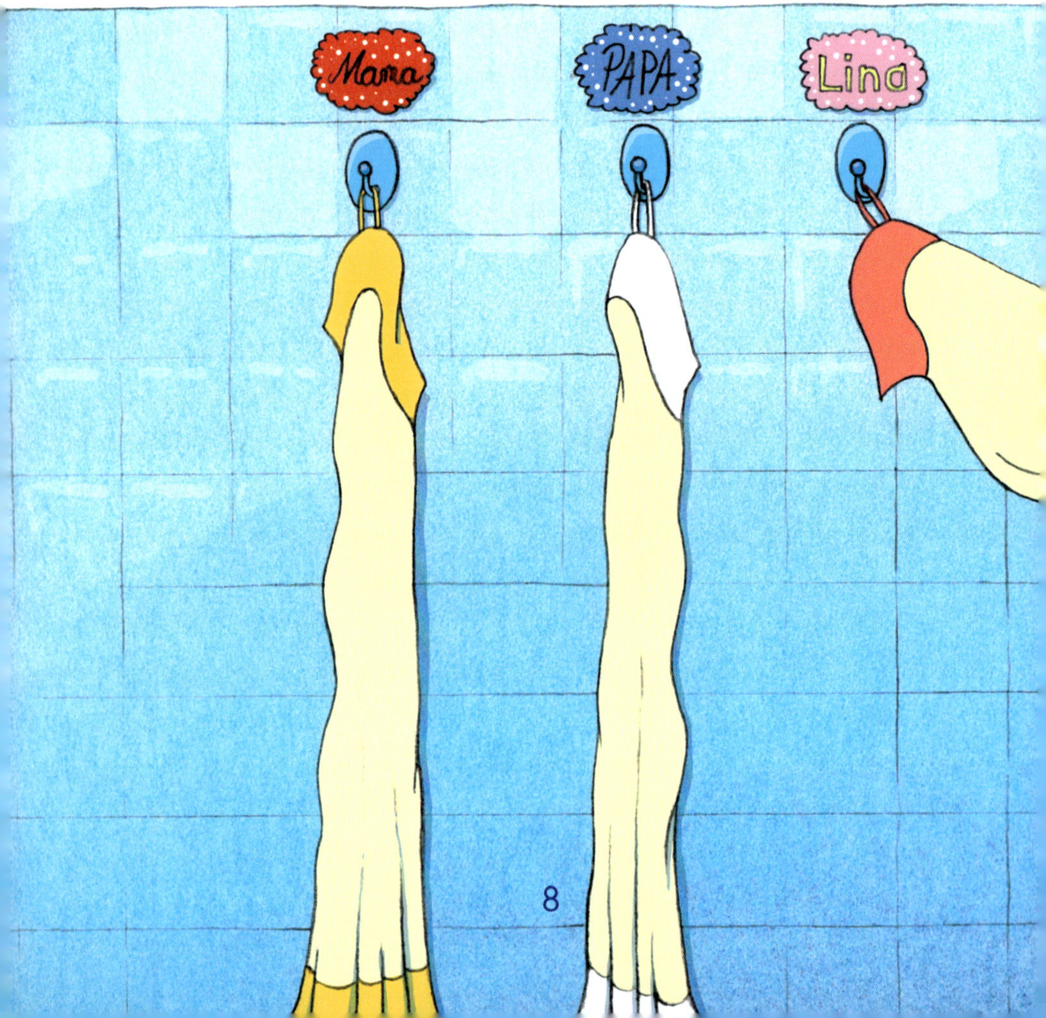

Im Bad kurz Wasser ins Gesicht.
Schrubb, schrubb, Zähne geputzt.
Spange in die Haare? Keine Zeit.

Lina schlüpft in die rote Hose.
Sie greift nach einem Pulli
und zwei Socken.

Der Pulli ist grün,
eine Socke gelb, eine blau.
Schnell Jacke an und Knöpfe zu.

Fürs Müsli ist es zu spät.
Eilig trinkt Lina ihren Kakao.
Ein Fleck tropft auf die Hose.

Die Kirchturmuhr läutet dreimal.
Viertel vor acht.
Sie müsste schon weg sein.

Lina schlüpft in die Schuhe.
Schleifen binden?
Nein, das dauert zu lang.

Schon zehn Minuten vor acht.
Sie schnappt sich den Ranzen,
reißt die Tür auf und düst los.

Bumm! Sie stößt gegen Frau Früh.
Die wundert sich: „So eilig?“
Lina antwortet nicht.

Wie der Blitz saust sie weiter.
Zack!, stolpert sie über ihre Füße
und landet in Nachbars Blumen.

Nur noch fünf Minuten.
Sie ist erst beim Obstladen.
Ihre Haare fallen ins Gesicht.

Lina sieht nichts mehr.
Rums! Das war eine Apfelkiste.
„Einsammeln!“, ruft Herr Faulig.

Die Äpfel sind wieder in der Kiste.
Lina rennt weiter zur Straße.
Ein Autofahrer hupt.

Huch! Die Ampel ist rot.
Das war knapp!
Zum Glück gab es keinen Unfall.

Endlich grün.
Auf zum Endspurt.
Die Kirchturmuhr läutet viermal,
dann acht Schläge.

Acht Uhr.
Der Schulhof ist leer.
Lina ist zu spät.
Ihre Lehrerin wird sauer sein!

Lina will ins Schulhaus.
Sie rüttelt an der Tür.
Wieso ist die zu?

Dieser verflixte Zu-spät-Tag!
Was soll Lina nun tun?
Langsam geht sie zurück.

„Hallo, Lina!“, ruft Selma.
„Du siehst lustig aus.“
Lina schaut an sich herab.

Ihre Kleider sind kunterbunt,
ihre Schnürsenkel sind offen
und die Jacke ist falsch geknöpft.

Selma fragt: „Gehen wir spielen?“
„Spielen?“, wundert sich Lina.
„Wir müssen doch in die Schule.“

Selma lacht und lacht.
„Heute ist doch gar keine Schule.
Heute ist Samstag!“

Da prustet auch Lina los.
Sie lacht, bis ihr Bauch wehtut.
Zum Glück war sie nicht zu spät.

„Spielen wäre toll“, sagt sie dann.
„Fangen? Oder Verstecken?
Aber vorher muss ich essen.“

Ohne Eile geht Lina heim.
Sie isst Müsli und zieht sich um.
Dann geht sie zu Selma spielen.